Gabriele Miller
Paul König

BRUDER SCHMETTERLING

Aus dem Leben des heiligen Franziskus

Bernward

Den solltest du kennen

Diese Geschichte hat nicht angefangen wie eine Heiligengeschichte. Eher schon wie die eines leichtsinnigen Sohnes aus reichem Haus. Er war Italiener. Seine Heimatstadt heißt Assisi. Vor 800 Jahren war das eine Stadt wie viele andere Städte in Italien. Berühmt geworden ist Assisi erst durch den Sohn des Tuchhändlers Bernadone. Der war ein angesehener Bürger; seinen Stoffladen kannte jeder in Assisi. Bernadone war stolz auf seinen Sohn. Francesco war immer fröhlich und beliebt in der ganzen Stadt. Er feierte gern Feste, und jeder wollte zu seinen Freunden gehören.
Eigentlich hieß der junge Mann gar nicht Francesco. Als er zur Welt kam, war sein Vater gerade auf Reisen. Die Mutter ließ ihr Kind auf den Namen Giovanni taufen; in Deutschland hätte er also Johannes geheißen. Doch dem Vater gefiel der Name nicht. Er sprach gerne französisch, liebte die Franzosen und reiste oft nach Frankreich. Auch seine Frau war französischer Abstammung. Also rief er seinen Sohn ganz einfach Francesco, das heißt Französlein. Francesco wurde verwöhnt. Als Sohn eines vornehmen Tuchhändlers hatte er Kleider nach der neuesten Mode. Er hatte tausend Ideen. Er sang gut und tanzte viel. Bei lustigen Streichen war Francesco immer dabei.
Als er erwachsen war, zog er mit in den Krieg gegen die Stadt Perugia. Dabei geriet er in Gefangenschaft und mußte ein Jahr im Kerker sitzen. Von dort kam er krank und elend zurück. Er hatte sich sehr verändert. Später ist er ein großer Heiliger geworden. Er wird nicht nur von Christen verehrt. Wir nennen ihn nicht Francesco, sondern Franz, Franz von Assisi.

Fast ein Wunder

In der Bibel wird erzählt, wie Jesus Aussätzige heilt. Aussatz, das war die schlimmste Krankheit, die man sich vorstellen konnte. Man wußte kein Mittel dagegen. Jeder hatte Angst, er könnte angesteckt werden. Wer aussätzig war, durfte deshalb nicht mit den andern zusammenleben. Die Kranken wohnten meist vor den Toren der Stadt.

Auch bei Assisi gab es eine Aussätzigensiedlung. Eines Tages ist Franz dort vorbeigekommen. Statt Stoffe zu verkaufen, ist er ausgeritten. Da sieht er am Weg einen Aussätzigen. Und was geschieht? Der vornehm gekleidete Herr steigt von seinem Pferd. Ein Reicher, ein Gesunder, einer, der hoch zu Roß sitzt, steigt herab zum Armen, zum Kranken, den keiner mag. Und nicht genug. Franz kniet in den Staub. Der Große macht sich klein vor dem Armen. Er überwindet seinen Ekel und küßt den Kranken. Seine Liebe ist größer als seine Angst.

Das ist, als ob ein dürrer Baum anfängt, Blüten zu treiben. Das ist ein Wunder.

Sogar dem Pferd kommt das merkwürdig vor. Neugierig dreht es den Kopf. Fast scheint es, als wolle es dem zulächeln, der solches tut. Der Kranke in seinen Lumpen weiß nicht, wie ihm geschieht. Ist es ein Traum, daß der Mann in prächtigen Kleidern sich um ihn kümmert?

Es ist, als sei ein Lichtstrahl vom Himmel gekommen. Er trifft den am Boden knienden Franz. Die Sonne ist über ihm aufgegangen. Wenn einer seinen armen Bruder liebt, dann ist es, als ob Blumen aus trockenem Boden aufblühen.

Was wird wohl aus dem Tuchhandel von Vater Bernadone werden, wenn sein Sohn Franz sich statt für Geschäft und Geld für Kranke und Arme interessiert?

Wer ist sein Vater?

Feste feiern? Die Zeche bezahlen? Der Erste von allen sein? Vater Bernadone kann sich solch einen Sohn leisten. Er wird schon noch lernen, was Geschäfte betreiben heißt. Ganz Assisi soll sehen, wie reich der Tuchhändler ist.
Aber einem Bettler nachlaufen? Arme Schlucker und nicht die Söhne reicher Bürger an seinen Tisch laden? Von „Frau Armut" als seiner Braut erzählen? Das war nicht nach des Vaters Geschmack. Mag Francesco Geld ausgeben, mag er in den Krieg gegen Perugia ziehen, mag er gar im Gefängnis landen - das alles kann der Vater ertragen. Doch als Francesco anfängt, Hab und Gut zu verschenken, da kommt es zum Krach.
Der Vater schleppt den Sohn vors Gericht. Vor welches Gericht? Franz will nicht vor den Richter der Stadt; er verlangt den Bischof als seinen Rechtsprecher.
Da steht nun der Bischof von Assisi dem Vater und den Vornehmen der Stadt gegenüber; in prächtigen Gewändern alle zusammen, auch der Bischof. Arm sein, das will nur der Mann in der Mitte. Franziskus steht im Torbogen der Kirche, das ist sein ganzer Schmuck. Im Namen des Evangeliums wird er später auftreten. Er wird der Welt und der Kirche die Armut predigen.
Jetzt, im Angesicht des Bischofs und vor den Augen von ganz Assisi, gibt er dem Vater alles zurück, was er von ihm hat: Geld und Besitz und schließlich sogar seine Kleider. Nichts von dem, was sein Leben bisher ausgemacht hat, will er behalten.
Der Vater ist zornig, die Mutter weint. Die Leute aus der Stadt, seine bisherigen Freunde sind ratlos und stumm. Und wie Franz so dasteht, nackt und von allem entblößt, da nimmt der Bischof seinen Mantel und hüllt ihn ein.
Von jetzt an tritt Franz gegen den Reichtum auf,
auch gegen eine reiche Kirche.
Und deswegen steht er, nicht die andern,
dem Eingang zur Kirche am nächsten.
Von jetzt an ist Franz der arme
Bettelbruder, in einfacher Kutte, barfuß,
mit einem Strick als Gürtel.
Er schaut über den Vater hinweg,
der nur Besitztümer zusammenrafft.
Gott ist sein Vater.

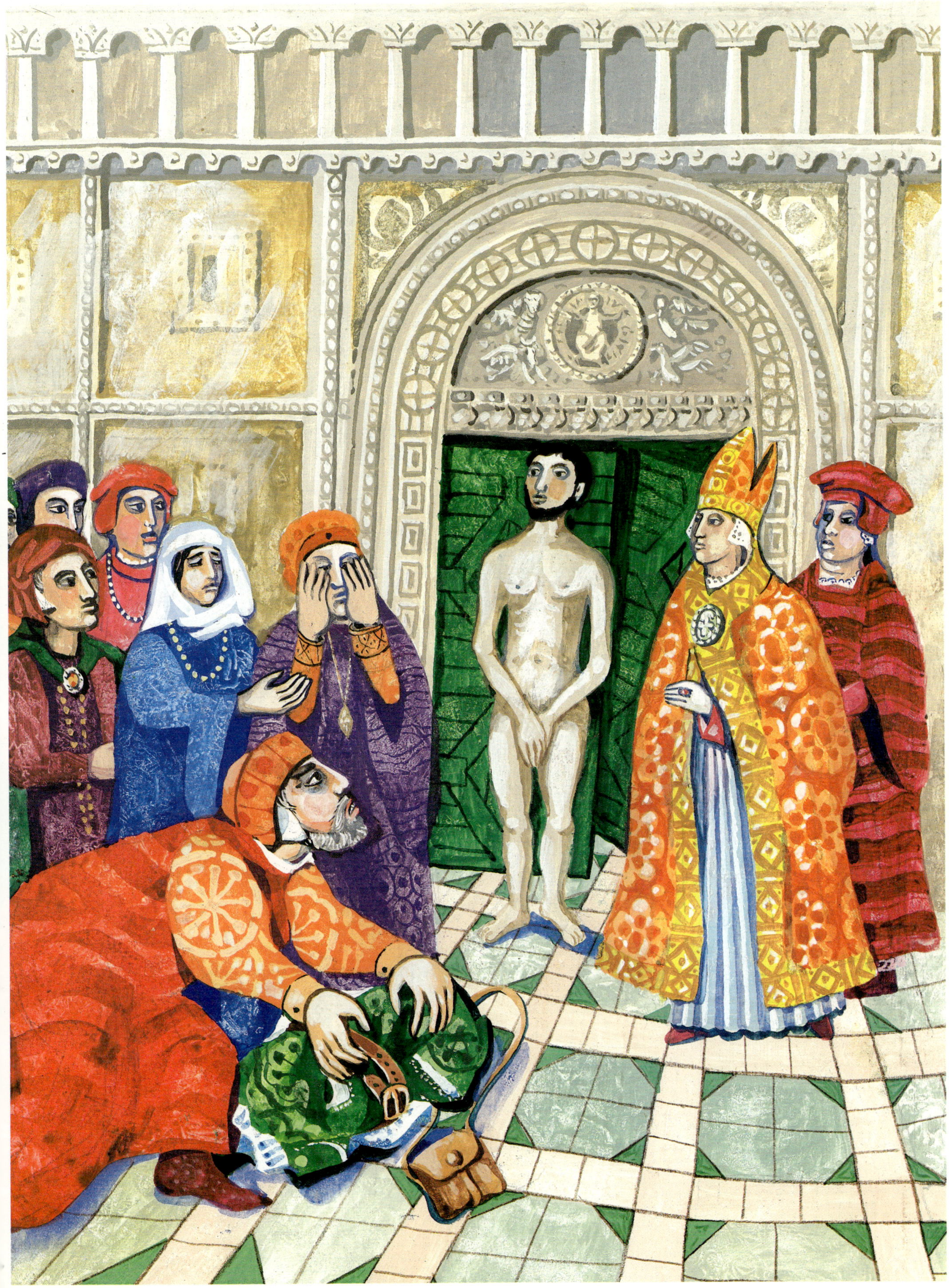

Die Kirche erneuern

Franz hat jetzt viel Zeit. Er denkt nach und betet. Er liest in der Bibel und will so arm sein wie die Jünger, als Jesus sie aussandte. Keinen Vorrat. Nichts mitnehmen. Der Menschen Bruder sein. Ihnen das Evangelium von Gottes Liebe ansagen. Nur von dem leben, was andere ihm schenken. Sich um die Armen kümmern. Die am Rande Stehenden in die Mitte holen. Kranke und Verlassene besuchen. Betrübte trösten ... Das ist sein Programm.

Immer wieder träumt Franz den gleichen Traum: Beim großen Kreuz von San Damiano hört er eine Stimme. Er soll die Kirche vor dem Zerfallen schützen. Also begreift er: Er muß der Kirche helfen, muß sie erneuern. Doch, wie soll er das machen?

Auf seinen Wanderungen findet er rund um Assisi kleine Kirchen, halb verfallene Kapellen - verstaubt, ungepflegt, baufällig. Soll er vielleicht diese Kirchen instand setzen? Hat er nicht geträumt, er soll die Kirche erneuern?

Die kleine Kirche von San Damiano steht inmitten einer schönen Umgebung, blühende Wiesen, Bäume, die Schatten spenden. Franz fängt an, das kleine Kirchlein zu renovieren. Einige Freunde helfen ihm. Da ist auch die kleine Kapelle San Piedro und vor allem die Kapelle Portiuncula. Diese Kapelle wird später für ihn und seine Freunde sehr wichtig werden. Franz stellt auch sie wieder her und macht sie schön. Die Kirche renovieren, die Kirche erneuern - Schutt wegräumen und Blumen aufstellen – ist das wohl gemeint mit dem Traum, den Franz geträumt hat? Franz wird noch dazulernen müssen, was es heißt: die Kirche erneuern. Hier reicht es nicht aus, den Besen zu holen!

Wer will ihm folgen?

Es dauert nicht lange, da findet Franz Helfer. Seine neuen Freunde leben so karg wie er, einfach gekleidet, ein sackähnliches Gewand, ohne Schmuck. Die prunkvollen Kleider, die haben sie abgelegt wie er. Doch, wen kann so ein Leben interessieren? Es ist kaum zu glauben: Immer mehr junge Leute strömen herbei. Sie leben von dem, was man ihnen schenkt. Was sie mehr haben, als sie brauchen, teilen sie mit den Armen.

Das einzige Buch, das Franz liest, ist das Evangelium. Von dort holt er seine Lebensregel. Wer Jesu Wort ernst nimmt, der braucht nicht auf lange Sicht zu planen: Er braucht nicht sich ängstlich zu sorgen. Er verläßt sich auf Gott, der die Lilien wachsen läßt, der den Spatzen Nahrung gibt.

Unter den Leuten, die kommen, um Franz zu hören, ist auch ein junges Mädchen. Klara stammt, wie auch Francesco, aus einer reichen Familie in Assisi. Sie entscheidet sich, wie die Brüder ganz nach dem Evangelium zu leben. Franz nimmt ihren Entschluß ernst. An einem Palmsonntag geht er mit ihr in die Portiuncula-Kirche.

Dort schneidet er ihr die Haare ab; das Zeichen ihrer weiblichen Schönheit gibt sie her. Klara trägt das einfache Kleid wie die Brüder. Sie ist nicht allein. Mit zwei Freundinnen findet sie Zuflucht in San Damiano. Es dauert nicht lange, da folgen ihr auch ihre Schwestern und sogar ihre Mutter. Sie leben arm und begleiten die Brüder mit ihrem Gebet.

Die Kunde von Klara und Franz und ihren Gefährten breitet sich aus. Menschen kommen und holen Rat. Die Brüder wandern durch Städte und Dörfer. Sie erzählen von Gott, der die Armen liebt. Sie sind ein Zeichen gegen Reichtum und Macht. Vor allem Franz spricht eine klare Sprache. Er nennt mit Namen, was bei den Christen nicht recht ist. Und doch ist er nie lieblos, wenn er andere kritisiert.

Heißt das vielleicht: die Kirche erneuern?

Zwei Große begegnen sich

Die Brüder des Franz sind zahlreich geworden. Wie sollen sie mit einander leben? Was gilt? Wer darf ihnen folgen? Wer darf sich auf Franz berufen? Sind diese Bettelbrüder nicht eine Landplage? Es gibt andere Gemeinschaften, die aber leben in einem Kloster. Die Brüder des Franz, die ziehen umher und predigen die Armut. Wie ist das überhaupt mit dem Reichtum der Kirche? Wie ist das mit ihrer Macht? Franz und seine Brüder sagen laut, was sie nicht für richtig halten. Sie fallen den einflußreichen Leuten auf die Nerven. Auch manchen Kirchenmännern. Franz sieht ein: Er muß nach Rom. Er muß mit dem Papst reden; der hieß damals Innozenz III. Innozenz war sehr klug, mächtig und angesehen. Franz gelingt es, mit dem großen Herrn zu reden.

Da sitzt der Papst mit der dreifachen Krone. Auch ein Kardinal ist dabei, ein wichtiger Mann. Der wird später einmal Papst werden. Dann wird er Franz und seine Gefährten sehr unterstützen.

Beide, der Papst und sein Kardinal, passen gut auf. Sie hören auf das, was Francesco und seine Genossen zu sagen haben. Franz, der so arm lebt, barfuß, in sackähnlichem Gewand, er anerkennt auch einen mächtigen Papst als den Ersten in der Kirche. Der Papst soll ihm sagen, was richtig ist; er soll anerkennen, was Franz und seine Gefährten tun. Innozenz ist nachdenklich. Auch er hatte geträumt. In seinem Traum sah er eine große, prächtige Kirche vom Einsturz bedroht. Doch, was er im Traum sah, war zwar eine Kirche aus Steinen gebaut. Die Kirche aus lebendigen Steinen dagegen, die kann man mit Mörtel und Fleiß nicht flicken. Was sollte geschehen, was mußte anders werden? Der Papst hatte geträumt, daß einer die einstürzende Kirche stützen wird. Ob das dieser Mann aus Assisi ist? Der sagt, er will die Kirche mit dem Evangelium erneuern.

Der Papst ist beeindruckt. Er gibt die Erlaubnis: Franz und seine Brüder sollen nur nach dem Evangelium leben. Sie brauchen keine neugeschriebene Ordnung. Das Evangelium genügt.

Der Papst hat gesprochen; der Fall ist erledigt. Franz ist froh. Der Kardinal aber denkt schon weiter. Er weiß, daß die Gemeinschaft – wenn es viele Brüder sein werden – eine geschriebene Ordnung braucht. Später wird es eine eigene „Regel" geben für den „Orden des heiligen Franz".

Wie viele sind es?

Es dauerte nicht lange, da kamen immer wieder junge Männer, die wie Franz leben wollten. Nicht nur aus der Umgebung von Assisi stammten sie, auch in den entferntesten Gegenden hatte man Franz predigen gehört. Da waren Handwerkersöhne und Gelehrte, Kaufleute, wie Vater Bernadone einer war, und auch arme Schlucker – die Gemeinschaft hatte Platz für alle. Doch nicht jeder hielt das harte Leben aus. Mancher ging wieder. Franz war keinem böse und ließ ihn in Frieden ziehen.
Bald waren es so viele Brüder, daß sie nicht mehr alle bei der Portiuncula-Kapelle bleiben konnten. Sie verteilten sich in kleine Gruppen; oft waren sie nur zu zweit oder dritt. Sie wohnten in Höhlen, in alten Hütten, am Rande von Städten und Dörfern. Viele waren wochenlang unterwegs und predigten den Leuten das Evangelium, wie sie es bei Franz gelernt hatten.
Und dann? Verstreuten sie sich, ohne sich wiederzusehen? Das sollte nicht passieren; dafür hatte Franz gesorgt. Jedes Jahr an Pfingsten kamen die Brüder bei der Portiuncula-Kapelle zusammen. Da gab es viel zu erzählen, zu fragen, Rat zu holen. Franz wußte für jeden ein gutes Wort. Er war so glücklich, daß er seine Freude mit der ganzen Welt teilen wollte. Also beschloß er, ins Heilige Land zu fahren. Er wollte den blutigen Kreuzzügen ein Ende machen und auch dort von Jesus und seiner Liebe erzählen.
Mehrfach schlugen seine Reisen fehl, Schiffbruch im Mittelmeer, Krankheit in Spanien. Er mußte immer wieder umkehren. Doch schließlich gelang es ihm, in Ägypten sogar dem Sultan ins Gewissen zu reden. Der muslimische Herrscher soll sehr beeindruckt gewesen sein.
Die Gemeinschaft der Minderbrüder – so nannte man sie bald – breitete sich über ganz Europa aus. Schon mehrere Jahre nach dem Tod von Franz schrieb einer am Kaiserhof, es scheine, als sei die ganze Welt „franziskanisch" geworden.

Gott loben

„Gelobt seist du, mein Herr, mit allen Geschöpfen." Mit diesem Ruf hat Franziskus Gott und seine Welt besungen. Es gibt ein berühmtes Gedicht, den „Sonnengesang des heiligen Franz". Das ist ein großes Loblied auf Gott; es ist aber auch ein Loblied auf die Welt, die von der Größe und Schönheit Gottes erzählt. Die verschiedenen Strophen beginnen so:

Gelobt seist du, mein Herr, mit unserer Schwester, der Sonne.
Gelobt seist du, mein Herr, durch Bruder Mond und die Sterne.
Gelobt seist du, mein Herr, durch Bruder Wind und die Luft.
Gelobt seist du, mein Herr, durch unsere Schwester, das Wasser.
Gelobt seist du, mein Herr, durch unseren Bruder, das Feuer.
Gelobt seist du, mein Herr, durch unsere Schwester, die Erde.

Wenn man sich umschaut in unserer Welt, oder wenn man das Bild betrachtet, könnte man weiterbeten wie der heilige Franz:

Gelobt sei Gott mit Wolken und Regen.
Gelobt sei Gott mit dem Regenbogen des Friedens.
Gelobt sei Gott mit Wasser und Feuer.
Gelobt sei Gott mit Schmetterlingen und Blumen.
Gelobt sei Gott mit Getreide und Oleander.
Gelobt sei Gott mit Mais und Trauben.
Gelobt sei Gott mit Hasen und Rehen und Igeln.
Gelobt sei Gott mit Kühen und Fröschen.
Gelobt sei Gott mit Schnecken und Fischen und Mücken.
Gelobt sei Gott mit Vögeln in der Luft und Enten im Bach.
Gelobt sei Gott mit allem, was lebt.

Man könnte noch mehr auf dem Bild entdecken. Man könnte an noch viele andere Geschöpfe denken. Man könnte auch sagen: „Gelobt sei Gott durch alle Kinder. Gelobt sei Gott durch alle Menschen, die großen und kleinen, die armen und reichen, die schwarzen und weißen. Gelobt sei Gott durch alle Menschen auf der ganzen Welt."

Franz war so gütig, daß auch die Tiere das merkten. Es wird erzählt, daß er den Vögeln und den Fischen gepredigt hat, und die haben ihm zugehört. Das war wie im Paradies. Friede zwischen allen Geschöpfen. Unser Maler hat dazu ein Bild gemalt. Die Brüder staunten immer wieder aufs neue über ihren Franz. Sie haben viele Geschichten von ihm erzählt. Wen wundert's, daß Franz von allen verehrt wird, die die Schöpfung bewahren wollen.

Ein Heiliger oder ein Narr?

Einmal, so wird erzählt, ging Franz über Land. Da traf er einen Bauern; der trug über dem Rücken zwei kleine Lämmer, an den Beinen zusammengebunden. Die Tiere wimmerten jämmerlich. Das rührte Franz, und er stellte den Mann zur Rede. Der dachte: Wie kann man nur so dumm fragen! „Die Lämmer werden verkauft, und bald schon wird es in der Stadt in den Häusern der Reichen nach bestem Braten duften." Das wollte Franz nicht geschehen lassen. Die Tiere kaufen? Doch er hatte kein Geld. Kurz entschlossen zog er seine Kutte aus. Die war neu und aus gutem Tuch. Sie war mehr wert als die beiden Lämmer zusammen. Und nun? Franz streichelte die Tiere, bis die sich von ihrem Angebundensein erholt hatten. Dann sprach er zum Bauern: „Ich kann sie nicht mitnehmen, also schenke ich sie dir." Und Franz legte dem Bauern die Lämmer auf die Arme. „Ich bitte dich, sorge gut für sie." Der Bauer stand da, hatte seine Lämmchen im Arm und dazu ein kostbares Stück Tuch. Franz aber zog fröhlich weiter. Er hatte nichts auf dem Leib als die Unterhosen und das Hemd.

Ein andermal war Franz mit einem seiner Freunde unterwegs. Da sahen sie eine Herde von Ziegen und Böcken. Nur ein einziges Lämmchen war dazwischen; das wurde hin- und hergestoßen. „Was soll das schwache Lämmchen bei den starken Böcken? Das kommt mir vor wie Jesus unter den Pharisäern. Man müßte es kaufen." „Kaufen! Wir haben kein Geld!" sagt erschrocken der Freund. Da kam ein reisender Kaufmann des Wegs. Den bat Franz, das sanfte Tier zu erlösen. Dem Reichen kam das zwar verrückt vor, doch er kaufte dem Hirten das Lämmlein ab und schenkte es Franz. Der nahm es mit großer Freude auf seine Arme, ging in die nächste Stadt und hielt auf dem Marktplatz eine zu Herzen gehende Predigt über Jesus, das Lamm Gottes.
Und die Leute fragten sich, waren sie einem Narren oder einem Heiligen begegnet?

Frieden stiften

Manchmal gibt es schrecklichen Streit. Und wenn einer, der streitet, besonders gewalttätig ist, dann wird es schlimm. So war es in der kleinen Stadt Gubbio. Franz ist es gelungen, hier Frieden zu stiften auf unwahrscheinliche Weise. Darüber wird eine Geschichte erzählt, die berühmte Geschichte vom Wolf von Gubbio. Wer mag er gewesen sein?

Dort in der Gegend hauste ein Wolf, schrecklich und wütend. Der verschlang nicht nur Tiere, sondern auch Männer und Frauen, Kinder und alte Leute. Und alle Bürger von Gubbio hatten Angst. Man traute sich nicht mehr auf die Straße. Jeder verließ nur bewaffnet die Stadt. Da kam der heilige Franz. Er erklärte sich freiwillig bereit, zum Wolf hinauszugehen und mit ihm zu verhandeln. Er sagte zu ihm: „Du hast große Verbrechen begangen. Du verdienst als Dieb und als verruchter Mörder den Galgen. Die ganze Stadt ist dein Feind. Ich möchte aber Frieden stiften zwischen dir und den Bürgern von Gubbio."
Und was geschah? Das Ungeheuer ließ mit sich reden. Es hörte sich die Bußrede des Franziskus an, ging in sich und trottete hinter Franz her in die Stadt. Die Leute waren von Schrecken gepackt. Doch als das Volk sich schließlich versammelte, wurde auf dem Marktplatz ein Friedensvertrag geschlossen. Die Stadt versprach, für den Unterhalt des Wolfes zu sorgen; der Wolf versprach, nicht mehr zu rauben und zu morden. Und dieser Friedensvertrag galt. Die Bürger von Gubbio schlossen Freundschaft mit dem Wolf. Er war von da an ein gern gesehener Gast.

Eine fantastische Geschichte! Sie sagt uns viel über den heiligen Franz, seine Liebe zu allen, ohne Vorurteile. Sie sagt uns auch, wohin ein Mensch kommen kann, wenn er mit Gewalt sich gegen den Haß aller zur Wehr setzen muß. Menschenfreundlichkeit, wie der heilige Franz sie übte, zähmt sogar Wölfe.

Mehr sehen

Bald gab es nicht nur viele Brüder – Minderbrüder –, die wie Franz lebten, es gab auch Schwestern, die mit Klara in San Damiano beteten. Wenn die Brüder sich jedes Jahr bei der Kirche von Portiuncula trafen, erzählten sie einander, wie sie in Armut gelebt hatten und wie sie das Evangelium verkündeten. Auch die Bauern aus der Umgebung, Männer und Frauen, interessierten sich für das Leben der Minderbrüder. Manchmal kamen sie, hörten die Predigt und beteten mit.
Da kam Weihnachten, das Fest der Geburt unseres Herrn. Die Leute waren damals noch nicht daran gewöhnt, dieses Fest besonders zu feiern. Für Franz aber war das ein ganz wichtiger Tag. Das Fest, das zeigt, daß unser Herr die Armut der Welt angenommen hat. In Armut wurde er geboren, in eine Futterkrippe gelegt, um ganz nahe bei den Ärmsten zu sein. Das wollte Franz allen Leuten vor Augen führen. Er stellte im Wald bei Greccio eine Krippe auf. Unter freiem Himmel, ohne schützendes Dach, es war sehr kalt. Die Krippe, die Franz in den Wald gestellt hatte, war leer. Vielleicht waren einige Tiere dabei? Waren es Ochs und Esel, wie wir es gewohnt sind?
Sonst war dort nichts zu sehen. Franz aber sah mehr. Er sah mit den Augen des Herzens. Er sah in der leeren Krippe das Kind von Betlehem, er sah seinen Herrn. Seit damals stellt man an Weihnachten eine Krippe auf, so wie wir es heute noch gewohnt sind. Wir legen in die Krippe ein kleines Kind. Und was müssen wir tun, um unsere inneren Augen zu öffnen? Was müssen wir tun, damit wir mehr sehen als nur eine Krippe mit Stroh, damit wir mehr sehen als nur ein Wickelkind?
Wenn sich die Augen unseres Herzens öffnen, dann sehen wir in der Dunkelheit ein großes Licht. Wenn sich die Augen unseres Herzens auftun, erkennen wir im Kind den Herrn der Welt.

Das Geheimnis des heiligen Franz

Die Brüder des heiligen Franz sind immer zahlreicher geworden. Sie zogen in viele Länder Europas und gewannen neue Brüder dazu. Franz wollte in dieser großen Gemeinschaft nicht der Erste bleiben. Er hat die Leitung abgegeben. Er zog sich zurück in die Einsamkeit, eine Hütte war ihm genug. In der Einsiedelei von Alverna betete er. Er verehrte nicht nur - wie in Greccio - das Kind in der Krippe. Immer mehr wandte er sich dem Gekreuzigten zu. Er dachte an Jesu Leiden und Tod. Er dachte, wie nahe der Herr allen ist, die geschunden und geschlagen sind; das ganze Leid der Welt hat er auf sich genommen. Deshalb wollte Franziskus Jesus ganz verbunden sein, nicht nur in der Armut, auch im Leiden eins mit ihm werden. Er wurde krank und schwach. Erst bei seinem Tod wurde bekannt, daß er die Wundmale Jesu am eigenen Leib getragen hat. Diese Jesus-Verbundenheit war sein großes Geheimnis; er hielt es sogar vor seinen Brüdern verborgen.
Den Kontakt mit den Brüdern hat er nicht abgebrochen. Manchmal ging er zu ihnen, wenn sie nach Portiuncula kamen. Dort hatte seine Gemeinschaft angefangen. Dort hatte Klara Armut gelobt. Dorthin zog es ihn immer wieder zurück. Die Kirche dort hatte er renoviert und so die Kirche erneuern wollen.
Doch er hat viel mehr getan. Weil er den Menschen zeigte, daß das Evangelium ein echtes Lebensprogramm ist, hat er die Kirche erneuert, aber nicht von außen, nicht am Verputz.
Im Lauf seines Lebens hat er verstanden, daß die Kirche von innen her neu werden muß, in jeder Zeit, an jedem Tag. Er hat verstanden, daß man so etwas nur mit den Augen des Herzens erkennen und sehen kann.
„Herr, mach deine Kirche neu".

Streit oder Versöhnung?

In Assisi war ein streitlustiger Mensch Bischof geworden. Er war mit dem Bürgermeister in Händel geraten und warf ihn aus der Kirche hinaus. Der Bürgermeister verbot daraufhin, daß einer dem Bischof etwas verkaufe. Es war nicht mehr auszuhalten in dieser Stadt!
Als der kranke Franz davon hörte, sagte er: „Es ist eine Schande, wenn keiner sich um den Frieden kümmert." Weil er sehr schwach war, schickte er seine Gefährten und ließ in seinem Namen den Bürgermeister bitten, mit seinen Ratsherrn zum Bischofshaus zu gehen. Den Bischof bat er, die zu empfangen, die zu ihm kämen.
Wie nun die Stadträte vor dem Bischofshaus standen und der Bischof aus dem Portal trat, kamen die Minderbrüder und sagten: „Bruder Franz hat zu seinem Loblied für euch eine weitere Strophe gedichtet." Sie stimmten den Sonnengesang an und sangen dazu die neue Strophe: „Gelobt seist du, mein Herr, durch jene, die aus Liebe zu dir verzeihen, die Mühsal ertragen und Leid. Selig, die verharren im Frieden, denn du, Allerhöchster, wirst sie krönen."
Der Bürgermeister hörte mit gefalteten Händen; Tränen liefen ihm über die Wangen. Dann sprach er vor allem Volk: „Ich verzeihe dem Bischof, den ich als meinen Herrn anerkennen will. Ich bin bereit, ihm in allem Genugtuung zu leisten, so wie es ihm gefällt, und zwar aus Liebe zu unserem Herrn Jesus Christus und zu seinem Knecht, unserem lieben Bruder Franz."
Auch der Bischof war von dem Lied ergriffen. Er hob den am Boden knienden Bürgermeister auf und sprach: „Mein Amt sollte mich demütig machen; doch von Natur aus bin ich zornig. Deshalb mußt du Nachsicht mit mir haben." Darauf umarmten sich beide. Und alle Umstehenden sahen es mit großer Freude.
Was für ein Mensch war dieser Franz, wenn schon die Nennung seines Namens genügte, um erbitterte Gegner zu versöhnen!

Tod und Leben

Als Franziskus kränker und schwächer wurde, ließ er sich in die Portiuncula-Kapelle tragen. Franz hatte es erlebt, daß seine Gemeinschaft sich weithin ausbreitete. Doch er hatte auch zusehen müssen, wie aus den vielen kleinen Gruppen von Minderbrüdern ein richtiger Orden wurde. Die Brüder wollten in Klöstern leben; sie mußten eine geschriebene Ordnung bekommen. Das war nicht das, was Franz gewollt hatte: „absolute Armut" und „nur das Evangelium". Und doch hat er die Wandlung ertragen müssen; sie gehört zu seinem Leidensweg. Einerseits ging eine große Bewegung von ihm aus, und andererseits konnte nicht alles so bleiben, wie er es angefangen hatte.
Sicher, Franziskaner, wie man sie heute nennt, gibt es bis in unsere Zeit – sehr viele. Es gibt auch Schwestern, die wie Klara in der Abgeschiedenheit beten. Und es gibt Männer und Frauen, die den Weg des heiligen Franz gehen, obwohl sie verheiratet sind. Schon damals waren Frauen und Männer zu Franz gekommen, weil sie leben wollten wie er. Aber sie hatten Kinder und Haus und Hof. Franz nahm sie ernst und verpflichtete sie, in der Welt zu bleiben und so zu leben, wie Gott es will. Und so gab es bald überall Leute, die sagten: Wir gehören zum Orden des Franz, obwohl wir nicht in einem Koster wohnen. Solche franziskanische Gemeinschaften gibt es bis heute: der Schöpfung nahe, der Armut verbunden, der Kirche treu.
In der Portiuncula-Kapelle wollte Franz sterben. Er ließ sich auf den platten Boden legen, arm und nackt wie einst. Und die Brüder sangen sein Lied, den „Sonnengesang des heiligen Franz". Zu diesem großen Lied auf Gott, den er lobt mit allen Geschöpfen, dichtete der sterbende Franz eine letzte Strophe: „Gelobt seist du, mein Herr, durch unseren Bruder, den Tod. Ihm kann kein Mensch entrinnen." Singend ging Franziskus dem Tod – nein: dem Leben entgegen.

Lebensdaten

1182	Francesco wird als Sohn des reichen Tuchhändlers Pietro Bernadone in Assisi geboren
1196	Francesco wird volljährig und in die Kaufmanns-Innung aufgenommen
1203-9	Franz wählt die Armut als seine „Braut"
1206-7	Der Vater enterbt den Sohn
1208	Die Kirche San Damiano ist renoviert
1209	Franz findet erste Gefährten
1210	Franz geht nach Rom und trägt Innozenz III. seine Ideen vor
1211/19	Die Minderbrüder breiten sich aus; Franz predigt an vielen Orten
1212	Franz „gründet" den Orden der Klarissen, benannt nach seiner Freundin Klara
1219/20	Franz fährt nach Ägypten, um den Sultan zu bekehren
1220	Franz gibt die Leitung an Pietro Catani ab
1221	Dreißig Brüder werden nach Deutschland gesandt
1221	„Gründung" des sogenannten „Dritten Ordens" (Franziskanische Gemeinschaft)
1222	Franz zieht sich in die Einsamkeit von Alverna zurück
1223	Weihnachtsfest im Wald von Greccio
1226	Franz stirbt in Portiuncula; die Brüder begraben ihn in Assisi
1228	Franziskus von Assisi wird heiliggesprochen

Die Deutsche Bibliothek – CIP-Einheitsaufnahme

Bruder Schmetterling: aus dem Leben des heiligen Franziskus /
Gabriele Miller; Paul König. – Hildesheim: Bernward, 1992
ISBN 3-87065-593-3
NE: Miller, Gabriele; König, Paul

Titelgestaltung: Paul König, Hildesheim
Made in Hungary
ISBN 3-87065-593-3 Bernward
ISBN 3-87554-250-9 Morus

Auf der folgenden Seite:
So sieht Assisi heute aus.
Im Vordergrund das Kloster.